ꞏꞏꞏ Bouanani
Karim Addach

Etude Bibliographique et Comparative des Algorithmes de Biclustering

Youness Bouanani
Karim Addach

Etude Bibliographique et Comparative des Algorithmes de Biclustering

Éditions universitaires européennes

Impressum / Mentions légales

Bibliografische Information der Deutschen Nationalbibliothek: Die Deutsche Nationalbibliothek verzeichnet diese Publikation in der Deutschen Nationalbibliografie; detaillierte bibliografische Daten sind im Internet über http://dnb.d-nb.de abrufbar.

Alle in diesem Buch genannten Marken und Produktnamen unterliegen warenzeichen-, marken- oder patentrechtlichem Schutz bzw. sind Warenzeichen oder eingetragene Warenzeichen der jeweiligen Inhaber. Die Wiedergabe von Marken, Produktnamen, Gebrauchsnamen, Handelsnamen, Warenbezeichnungen u.s.w. in diesem Werk berechtigt auch ohne besondere Kennzeichnung nicht zu der Annahme, dass solche Namen im Sinne der Warenzeichen- und Markenschutzgesetzgebung als frei zu betrachten wären und daher von jedermann benutzt werden dürften.

Information bibliographique publiée par la Deutsche Nationalbibliothek: La Deutsche Nationalbibliothek inscrit cette publication à la Deutsche Nationalbibliografie; des données bibliographiques détaillées sont disponibles sur internet à l'adresse http://dnb.d-nb.de.

Toutes marques et noms de produits mentionnés dans ce livre demeurent sous la protection des marques, des marques déposées et des brevets, et sont des marques ou des marques déposées de leurs détenteurs respectifs. L'utilisation des marques, noms de produits, noms communs, noms commerciaux, descriptions de produits, etc, même sans qu'ils soient mentionnés de façon particulière dans ce livre ne signifie en aucune façon que ces noms peuvent être utilisés sans restriction à l'égard de la législation pour la protection des marques et des marques déposées et pourraient donc être utilisés par quiconque.

Coverbild / Photo de couverture: www.ingimage.com

Verlag / Editeur:
Éditions universitaires européennes
ist ein Imprint der / est une marque déposée de
OmniScriptum GmbH & Co. KG
Heinrich-Böcking-Str. 6-8, 66121 Saarbrücken, Deutschland / Allemagne
Email: info@editions-ue.com

Herstellung: siehe letzte Seite /
Impression: voir la dernière page
ISBN: 978-3-8417-9199-3

Copyright / Droit d'auteur © 2014 OmniScriptum GmbH & Co. KG
Alle Rechte vorbehalten. / Tous droits réservés. Saarbrücken 2014

Rapport de Projet de Synthèse

THEME

Etude Bibliographique et comparative des algorithmes de biclustering

Réalisé par :

M. Youness BOUANANI

M. Karim ADDACH

Encadré par :

M. Alexandre BLANSCHE

Année Universitaire : 2012/2013

Sommaire

Liste des figures

I. Introduction

Les techniques de clustering définissent souvent la similitude entre des positions en utilisant des mesures de distance sur les différentes dimensions des données.

Le clustering de sous-espaces ou « **Subspace Clustering** » est une extension de clustering traditionnel qui cherche à trouver des clusters dans différents sous-espaces au sein d'un ensemble de données. Les algorithmes de clustering traditionnels tiennent compte de toutes les dimensions d'un ensemble de données d'entrée dans une tentative d'en apprendre autant que possible sur chaque cas décrit. En données de haute dimension, cependant, la plupart des dimensions sont souvent hors de propos. Ces dimensions non pertinentes confondre algorithmes de classification en se cachant dans les clusters de données bruitées. Dans des dimensions très élevées, il est commun à toutes les instances d'un ensemble de données de masquer complètement les clusters pour être à peu près à égale distance de l'autre. Les algorithmes de clustering de sous-espace localisent la recherche de dimensions pertinentes en leur permettant de trouver des clusters qui existent dans plusieurs sous-espaces.

La classification double ou « **Biclustering** » est une technique d'exploration de données non-supervisée permettant de segmenter simultanément les lignes et les colonnes d'une matrice.

Cet article présente une étude comparative de différents algorithmes de biclustering en se basant sur différents critères de comparaison (performance, temps d'exécution, entropie...).

Dans la suite du rapport, la deuxième partie « Le biclustering » est consacrée à une présentation générale du biclustering et pour bien comprendre cette partie nous étions obligés de parler aussi des systèmes de clustering.

Après la présentation du biclustering dans la seconde partie, nous traiterons dans la troisième partie la comparaison entre quelques algorithmes de biclustering ; une étude comparative entre les algorithmes SUBCLU, FIRES et INSCY, basée sur plusieurs critères de comparaison (la performance, l'occurrence et le nombre de clusters, le temps de classification et le nombre de clusters, le pourcentage d'informations et la mesure F1), et une deuxième étude comparative entre les algorithmes MAFIA et FINDIT, basée sur deux critères de comparaison (le temps d'exécution et le nombre de dimensions, le temps d'exécution et le nombre d'instances).

Enfin dans la quatrième partie « Synthèse », nous traiterons les critères d'évaluation (l'évaluation basée sur l'occupation hardware et l'évaluation basée sur la performance) et nous mettrons en place un protocole d'évaluation pour les algorithmes de biclustering.

II.   Le biclustering

1.1 Les clusters

A la base, un cluster est un ensemble d'éléments. Cet ensemble est distinct des autres. Donc chaque élément d'un cluster a de fortes ressemblances avec les autres éléments de ce même cluster, et doit être différent des éléments des autres clusters. C'est que l'on appelle : la forte similarité intra-classe et la faible similarité interclasse. Il y a donc une recherche des groupes distincts. Les méthodes d'analyse des clusters sont des algorithmes non supervisés, ils permettent de générer et de trouver des classes naturelles. Par exemple ce genre de méthodes de datamining est utilisé dans le marketing pour découvrir le profil de certains groupes de clients, et ainsi s'adapter à un marché. Une méthode d'analyse de clusters doit se montrer fiable, donc elle doit pouvoir créer des clusters bien distincts, être faiblement sensible au bruit, mettre à jour des patterns cachés, être insensible à l'ordre d'entrée des transactions. La souplesse face aux transactions est primordiale. Le prototype d'un cluster est son centre, aussi appelé centroid. Il existe deux types de clusters :

- Les clusters durs qui sont totalement distincts les uns des autres, ainsi un élément d'un cluster n'est pas du tout dans un autre.

- Les clusters mous comportent dans l'appartenance est pondérée, donc un élément peut être distribué parmi plusieurs clusters.

1.2 Propriétés d'un cluster

Les deux propriétés importantes définissant un cluster pertinent sont :

- Sa cohésion interne (que les objets appartenant à ce cluster soient les plus similaires possibles).

- Son isolation externe (que les objets appartenant aux autres clusters soient les plus éloignés possible).

Pour observer cela, plusieurs mesures sont associées à un cluster :

- Sa densité (la masse d'objets par unité volumique).

- Sa variance (le degré de dispersion des objets dans l'espace depuis le centre du cluster).

- Sa dimension (typiquement son radius ou son diamètre).

- Sa forme (hyper sphérique/allongée/concave/convexe,…).

- Sa séparation (par rapport aux autres clusters).

Si on regarde un cluster il forme un ensemble, et cet ensemble occupe donc un espace. Pour pouvoir mesurer l'appartenance d'un élément à un cluster et pouvoir prendre des décisions, il nous faut une fonction de mesure. On utilise beaucoup la distance de Minkowski :

$$d(i,j) = \sqrt[q]{|x_{i1} - x_{j1}|^q + |x_{i2} - x_{j2}|^q + \cdots + |x_{in} - x_{jn}|^q}$$

Figure 1.2 : Distance de Minkowski

Plusieurs variantes sont utilisées, notamment avec q=1 ou q=2. D'autres distances sont utilisées parfois, telle que la paramétrique de Pearson.

1.3 Etapes d'un système de clustering

Typiquement, les systèmes de clustering se différencient par la fonction objectif choisie pour évaluer la qualité du clustering, et la stratégie de contrôle pour parcourir l'espace des clusters possibles. Mais tous suivent le principe général traditionnel en clustering qui consiste à maximiser la similarité des observations à l'intérieur d'un cluster, et minimiser la similarité des observations entre clusters, pour arriver à une partition de la base aussi pertinente que possible. Les différentes étapes d'une tâche de clustering sont les suivantes :

a) Représentation des données (inclut éventuellement extraction et/ou sélection d'attributs)

La représentation des données se réfère à la spécification du nombre de classes, nombre de données, et nombre, type et échelle des attributs disponibles pour l'algorithme de clustering.

L'extraction des attributs correspond à l'utilisation d'une ou plusieurs transformations des attributs fournis en entrée pour produire de nouveaux attributs pertinents.

La sélection des attributs est le processus permettant d'identifier le sous-ensemble des attributs le plus efficace à utiliser pour le clustering.

b) Définition d'une mesure de proximité appropriée au domaine des données

La proximité entre données est typiquement mesurée par une fonction de distance définie entre paires de données.

c) Regroupement (clustering)

Les clustering résultants peuvent être **Hard** (partition des données en groupes distincts), ou **Fuzzy** (chaque donnée a un degré variable d'appartenance à chacun des clusters).

d) Abstraction des données (si nécessaire)

L'abstraction des données est le processus d'extraction d'une représentation simple et compacte de l'ensemble des données (typiquement, la description de chaque cluster).

e) Evaluation de la sortie (si nécessaire)

L'évaluation de la partition peut se faire de trois manières :

- Evaluation externe : comparer la structure à une structure à priori.

- Evaluation interne : déterminer si la structure est intrinsèquement appropriée aux données.

- Evaluation relative : comparer différentes structures possibles.

1.4 Les méthodes de clustering

On distingue trois grandes familles de clustering :

a) Le clustering hiérachique:
Le but est de former une hiérarchie de clusters, telle que plus on descend dans la hiérarchie, plus les clusters sont spécifiques à un certain nombre d'objets considérés comme similaires.

b) Le clustering par partition:
Le but est de former une partition de l'espace des objets, selon une certaine fonction critère, chaque partition représentant alors un cluster dans cette famille, plusieurs méthodes se distinguent fortement:

- **Le clustering K-means :**
  Le but est d'identifier un certain nombre (k) de points représentatifs des clusters, auxquels sont ensuite associés l'ensemble des autres points, selon leur proximité avec les points représentatifs considérés.

- **Le clustering basé sur la densité :**
  Le but est d'identifier, dans l'espace, les zones de forte densité entourés par des zones de faible densité, qui formeront les clusters.

- **Le clustering basé sur l'utilisation de grilles :**
  L'idée est d'utiliser une grille pour partitionner l'espace en un ensemble de cellules, puis d'identifier les ensembles de cellules denses connectées, qui formeront les clusters.

- **Le clustering statistique :**
  Il fait l'hypothèse que les données ont été générées en suivant une certaine loi de distribution (avec une certaine probabilité), le but étant alors de trouver les paramètres (cachés) de cette distribution.

- **Le clustering via la théorie des graphes :**
  Il cherche, dans le graphe connectant les objets entre eux, les arcs à conserver pour former les clusters.

- **Les clusterings basés sur la recherche stochastique :**
  Algorithmes génétiques, recherche Tabou ou recuit simulé, qui parcourent l'espace des partitions possibles selon différentes heuristiques, et sélectionnent la meilleure qu'ils trouvent dans le temps qui leur est imparti.

- **Le clustering basé sur les réseaux de neurones :**
  Appelé auto-associatif, qui recherche les poids à attribuer à l'unique couche du réseau, qui correspondent le mieux à l'ensemble des données.

c) **Le subspace clustering** :
Le but est de cibler les clusters existant dans des sous-espaces de l'espace original.

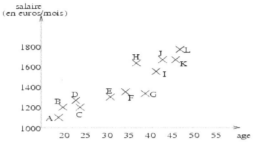

(a) un exemple d'ensemble d'individus à classer...

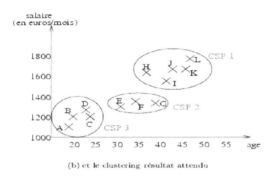

(b) et le clustering résultat attendu

Figure 1.4 – Le clustering sur un exemple

1.5 Propriétés techniques de clustering

Plusieurs propriétés peuvent être associées aux différentes techniques de clustering :

- **Ascendant vs descendant :**
  Une méthode ascendante va démarrer avec autant de clusters que d'objets, puis va concaténer successivement les clusters jusqu'à ce qu'un critère d'arrêt soit satisfait.
  A l'inverse une méthode descendante va démarrer avec un cluster réunissant tous les objets, puis va diviser les clusters jusqu'à ce qu'un critère d'arrêt soit satisfait.

- **Déterministe vs stochastique :**
  Avec les mêmes données en entrée, un algorithme déterministe exécutera toujours la même suite d'opérations, et fournira donc toujours le même résultat.
  A l'inverse, une méthode stochastique pourra donner des résultats différents pour des données en entrée identiques, car elle permet l'exécution d'opérations aléatoires.

Les algorithmes stochastiques sont donc moins précis mais moins coûteux. C'est pourquoi ils sont utilisés lorsqu'on a à faire face à de larges bases de données.

- **Incrémental vs non incrémental :**
  Une méthode incrémentale va être exécutée de façon continue, et va intégrer les données au fur et à mesure de leur arrivée dans l'algorithme.
  A l'inverse, une méthode non incrémental va considérer un ensemble de données fournies en entrée, et sera exécutée sur cet ensemble de données. Si, par la suite, une nouvelle donnée devait être fournie en entrée de l'algorithme, celui-ci devrait être relancé à nouveau.

- **Hard vs Fuzzy :**
  Comme indiqué précédemment, une méthode Hard va associer à chaque objet un unique cluster, alors qu'une méthode Fuzzy va associer à chaque objet un degré d'appartenance à chaque cluster.
  A noter qu'un Fuzzy clustering peut être converti en un Hard clustering en assignant chaque donnée au cluster dont la mesure d'appartenance est la plus forte.

- **Monothetic vs polythetic :**
  Un algorithme monothetic va utiliser séquentiellement les attributs des données dans le processus de clustering.
  A l'inverse, un algorithme polythetic va utiliser simultanément les attributs des données dans le processus de clustering.

2. Le Biclustering

La **classification double** ou « **Biclustering** » est une technique d'exploration de données non-supervisée permettant de segmenter simultanément les lignes et les colonnes d'une matrice. Plus formellement, la définition de la classification double peut s'exprimer de la manière suivante (pour le type de classification par colonne) :

Soit E une matrice $M x N$, soient $I \subseteq M$, $J \subseteq N$, alors $E_{I,J}$ est appelé « bicluster » de E lorsque $E_{i_1,j} = E_{i_2,j} = .. = E_{i_m,j}$ pour tout $j \in J$ et $(i_1, i_2, ... i_m) \in M$.

Le but des algorithmes de classification double est de trouver, s'il existe, le plus grand « bicluster » contenu dans une matrice, en maximisant une fonction objectif.

2.1 Applications du Biclustering

Le Biclustering a été utilisé massivement en biologie, par exemple dans l'analyse de l'expression génétique, mais aussi dans d'autres domaines tels que la compression d'image de synthèse, l'analyse médicale par exemple pour l'étude des traitements de l'épilepsie par stimulation vagale, la caractérisation d'émetteurs de pourriels (« spam »), l'analyse du mouvement, l'analyse des termes publicitaires sur internet, ...

2.2 Types du biclustering

Dans les différents algorithmes qui utilisent la classification double, on trouve différents types de bicluster :

- « Bi-cluster » à valeurs constantes (a),
- « Bi-cluster » à valeurs constantes en lignes (b) ou en colonnes (c),
- « Bi-cluster » à valeurs cohérentes (d, e).

a) « Bi-cluster » à valeurs constantes				
7.6	7.6	7.6	7.6	7.6
7.6	7.6	7.6	7.6	7.6
7.6	7.6	7.6	7.6	7.6
7.6	7.6	7.6	7.6	7.6
7.6	7.6	7.6	7.6	7.6

b) « Bi-cluster » à valeurs constantes en lignes				
1.2	1.2	1.2	1.2	1.2
2.1	2.1	2.1	2.1	2.1
3.2	3.2	3.2	3.2	3.2
4.1	4.1	4.1	4.1	4.1
4.2	4.2	4.2	4.2	4.2

c) « Bi-cluster » à valeurs constantes en colonnes				
1.0	2.0	3.0	4.0	5.0
1.0	2.0	3.0	4.0	5.0
1.0	2.0	3.0	4.0	5.0
1.0	2.0	3.0	4.0	5.0
1.0	2.0	3.0	4.0	5.0

d) « Bi-cluster » à valeurs cohérentes (additives)				
1.0	4.0	5.0	0.0	1.5
4.0	7.0	8.0	3.0	4.5
3.0	6.0	7.0	2.0	3.5
5.0	8.0	9.0	4.0	5.5
2.0	5.0	6.0	1.0	2.5

e) « Bi-cluster » à valeurs cohérentes (multiplicative)				
1.0	0.5	2.0	0.2	0.8
2.0	1.0	4.0	0.4	1.6
3.0	1.5	6.0	0.6	2.4
4.0	2.0	8.0	0.8	3.2
5.0	2.5	10.0	1.0	4.0

En d) la notion d'additivité se comprend comme ceci : **+3, -1, +2, -3** en colonnes, **+3, +1, -5, +1, 5** en lignes; en e) le motif est $\frac{1}{2}, * 4, \frac{1}{10}, * 4$ en colonnes et $* 2, * 1.5, \frac{4}{3}, \frac{5}{4}$.

3. CLIQUE

L'algorithme **CLIQUE** (**CL**ustering **I**n **QUE**st) [4][6][8][10][13] a été l'un des premiers algorithmes de clustering de sous-espace. L'algorithme combine la densité et le regroupement grille de base et utilise une technique APRIORI recherche pour trouver le style des sous-espaces denses. Une fois que les sous-espaces denses sont trouvés, ils sont triés par couverture, définie comme la fraction de l'ensemble de données des unités denses dans le sous-espace représenté. Les sous-espaces avec la plus grande couverture sont conservés et le reste est élagué. L'algorithme trouve ensuite des unités adjacentes de grille dense dans chacun des sous-espaces sélectionnés à l'aide d'une recherche profondeur d'abord. Les clusters sont formés par la combinaison de ces unités en utilisant un schéma de croissance. L'algorithme commence avec une unité arbitraire dense et grandit avidement une région maximale dans chaque dimension jusqu'à ce que l'union de toutes les régions couvre l'ensemble du cluster.

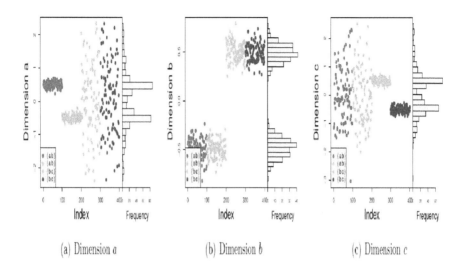

(a) Dimension a (b) Dimension b (c) Dimension c

- <u>Figure 3.1</u>: Exemples de données tracées dans une dimension, avec histogramme. Alors que certains clusters peuvent être vus, les points de plusieurs clusters sont regroupés dans chacune des trois dimensions.

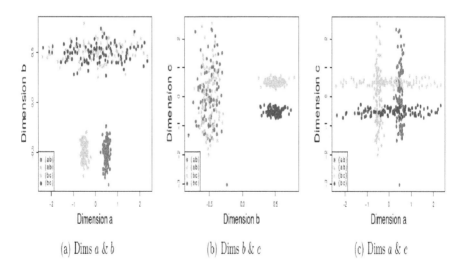

(a) Dims a & b (b) Dims b & c (c) Dims a & c

- <u>Figure 3.2</u>: Exemples de données tracées dans chaque ensemble de deux dimensions. Dans les deux cas (a) et (b) on peut voir que les deux groupes sont bien séparés, mais les deux autres sont mélangés. En (c) les quatre groupes sont plus visibles, mais toujours se chevauchent les uns les autres sont impossibles à part entière.

Les régions redondants sont éliminés par un procédé répété plus petites régions où redondants sont supprimés jusqu'à ce que aucune autre zone maximale peut être enlevé. Les groupes hyper-rectangulaires sont alors définis par une expression Disjonctive Forme Normale (DNF). La zone de culture, l'approche basée sur la densité de production permet à **CLIQUE** de trouver des clusters de forme arbitraire, dans un certain nombre de dimensions.

Les clusters peuvent être trouvés dans le même chevauchement ou sous-espaces disjoints. Les expressions DNF utilisés pour représenter les clusters sont souvent très interprétable et peut décrire les clusters qui se chevauchent, ce qui signifie que les instances peuvent appartenir à plus d'un cluster. Ceci est souvent avantageux en cluster de sous-espace depuis les clusters existent souvent dans des sous-espaces différents et représentent donc des relations différentes.

❖ **CLIQUE** est un algorithme de classification basé sur une grille qui trouve méthodiquement des clusters de sous-espace :
- Partitionne l'espace de données en unités rectangulaires de volume égal
- Mesure la densité de chaque unité par la fraction de points qu'il contient
- Une unité est dense si la fraction de l'ensemble des points qu'il contient est supérieure à un seuil d'utilisateur spécifié, τ
- Un cluster est un ensemble de collections d'unités denses contiguës

❖ Il est impossible de vérifier chaque sous-espace pour voir si elle est dense, en raison du nombre exponentiel d'entre eux
  - 2^n sous-espaces, si n sont les dimensions

❖ Propriété monotone de la densité à base de clusters:
  - Si un ensemble de points forme un cluster de densité à base de dimensions k, alors le même ensemble de points est également partie d'un cluster de densité à base de tous les sous-ensembles possibles de ces dimensions

❖ Très semblable à l'algorithme Apriori pour l'exploitation d'un item fréquent

❖ Peut trouver des clusters qui se chevauchent

3.1 L'algorithme CLIQUE

1 : trouver toute la zone dense dans les espaces à une dimension correspondant à chaque attribut. C'est l'ensemble de cellules à une dimension.

2 : $k \leftarrow 2$

3 : **répéter**

4 : générer tous les candidats à cellules denses de k-dimensions à partir des cellules denses de (k-1)-dimensions

5 : Éliminer les cellules qui ont moins de ξ points

6 : $k \leftarrow k + 1$

7 : **jusqu'à** ce qu'il n'y aura plus de candidats à cellules denses de k-dimensions

8 : trouver des clusters en prenant l'union de toutes les cellules adjacentes à haute densité

9 : résumer chaque cluster en utilisant un petit ensemble d'inégalités qui décrivent les intervalles des attributs des cellules du cluster. [13]

3.2 Limites de CLIQUE

❖ La Complexité en temps est exponentielle du nombre de dimensions
  - Surtout si «trop» d'unités denses sont générés aux étages inférieurs

❖ Peut échouer si les clusters sont d'une grande variabilité de densités différentes, puisque le seuil est fixé
  - La détermination du seuil approprié et de la durée de l'intervalle peut être difficile

4. SUBCLU

La méthode **SUBCLU** [9] utilise une version hiérarchique ascendante de l'algorithme DBSCAN.

4.1 Intérêt de DBSCAN

De nombreuses applications ont besoin d'une gestion de données spatiales tels que les SDBS (Spatial Database Systems). Une quantité croissante de données est obtenue d'images satellites, de cristallographie aux rayons X ou d'autres équipements automatiques. Ainsi, les découvertes automatiques de connaissances deviennent de plus en plus nécessaires dans les bases de données spatiales.

DBSCAN [9] [11] (**D**ensity-**B**ased **S**patial **C**lustering of **A**pplications with **N**oise) permet l'identification de classes, c'est-à-dire le regroupement des objets d'une base de données en sous-classes significatives. Cela permet des applications pratiques telles que le regroupement des classes de maisons le long d'une rivière lors de l'observation de la terre.

Toutefois, les applications aux bases de données spéciales conséquentes augmentent les exigences des algorithmes de clustering tel que :

- Un minimum de connaissances sur les domaines afin de déterminer les paramètres d'entrée car les valeurs appropriées ne sont pas souvent connues à l'avance lorsque l'on travaille avec des bases de données importantes.
- La découverte de cluster de forme arbitraire car les formes de clusters dans les bases de données spatiales peuvent être sphérique, étiré, linéaire, allongé, etc…
- Une bonne efficacité sur les larges bases de données, c'est-à-dire celle contenant plus que quelques milliers d'objets.

De nombreux algorithmes de clustering ne permettent pas de résoudre ses problématiques. DBSCAN qui intègre une notion de cluster basée sur la densité permet de découvrir des clusters de forme arbitraire. Cet algorithme requiert seulement 2 paramètres d'entrée afin que l'utilisateur puisse spécifier une valeur appropriée.

DBSCAN se révèle être un algorithme particulièrement efficace et nous verrons qu'il bat les algorithmes antérieurs tels que CLARANS par un facteur de plus de 100 en terme d'efficacité.

4.2 Notion de cluster basé sur la densité

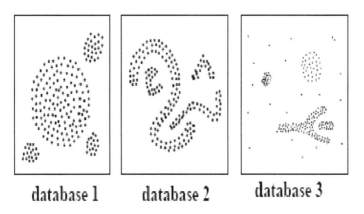

database 1   database 2   database 3

Figure 4.2 – Une idée intuitive de la densité

Lorsque l'on regarde ces regroupements simples de points de la figure ci-dessus [9] [11], il est possible de détecter facilement et sans aucune ambiguïté les points qui appartiennent à un cluster et ceux qui n'appartiennent à aucun et sont non significatifs (on parle de bruit). La principale raison qui nous permet de les reconnaître est qu'à l'extérieur des clusters la densité des zones de bruit est inférieure à celle de chacun des clusters.

Nous allons maintenant essayer de formaliser de façon intuitive la notion de cluster et de bruit dans une base de données **D** de points d'un espace S de k dimensions. Bien sûr, la notion de cluster de l'algorithme DBSCAN s'applique aussi bien dans un espace 2D, 3D euclidien ou aux espaces comportant de nombreuses dimensions. On fixe **Eps** le rayon du voisinage à étudier et **MinPts** le nombre minimum de points qui doivent être contenus dans le voisinage. L'idée clé du clustering basé sur la densité est que pour chaque point d'un cluster, ses environs pour un rayon donné Eps doit contenir un nombre minimum de points MinPts. Ainsi, le cardinale de son voisinage doit dépasser un certain seuil. Cette forme de voisinage est déterminée par le choix d'une fonction de distance de 2 points p et q, noté dist(p,q). Par exemple, pour un espace 2D, il s'agira d'un rectangle en utilisant une distance de Manhattan. Cette approche fonctionne quelle que soit la fonction de distance ce qui permet selon une application appropriée. Afin qu'il soit facilement compréhensible tous nos exemples seront dans un espace 2D utilisant une distance euclidienne.

4.3 Algorithme DBSCAN

Dans cette partie nous allons présenter l'algorithme **DBSCAN** [9] [11] (**D**ensity-**B**ased **S**patial **C**lustering of **A**pplications with **N**oise) dont le but est de découvrir les clusters et le bruit dans une base de données spatiale. Idéalement, nous devrions connaître les paramètres appropriés Eps et MinPts de chaque cluster et un point de chacun des clusters respectifs. Nous pouvons ensuite retrouver tous les points de densité accessibles des points données à partir de ces paramètres corrects. Mais il n'est pas facile d'obtenir ces informations à l'avance pour chaque cluster de la base de données. Pourtant il existe une heuristique simple et efficace (voir partie d)) pour déterminer les paramètres Eps et MinPts des clusters les plus minces. Ces paramètres sont des bons candidats pour les paramètres globaux spécifiant des densités les plus basses qui ne sont pas considérés comme du bruit.

```
Algorithm DBSCAN (D, Eps, MinPts)
// Precondition: All objects in D are unclassified.
  FOR ALL objects o in D DO:
    IF o is unclassified
      call function expand_cluster to construct a cluster wrt/ E[s and MinPts containing o.

FUNCTION expand_cluster (o, D, Eps, MinPts):
  retrieve the EPS- neighborhood N_Eps(o) of I;
  IF | N_Eps(o) | < MinPts   // i.e. o is not a core object
    mark o as noise and RETURN:
  ELSE // i.e. o is a core object
    select a new cluster-id and mark all objects in N_Eps(o) with this current cluster-id;
    push all objects from NEps(o) {o} onto the stack seeds;
    WHILE NOT seeds.empty() DO
      currentObject := seeds.top();
      seeds.pop();
      retrieve the EPS-neighborhood NEps(currentObject) of currentObject;
      IF | N_Eps(currentObject) | > MinPts
        select all objects in N_Eps(currentObject) not yet classified or marked as noise,
        push the unclassified objects onto seeds and mark all of these objects with current cluster-id;
RETURN
```

Figure 4.3.1 – Algorithme DBSCAN

Pour trouver un cluster, DBSCAN commence par un point arbitraire p et recherche tous les points de densité accessibles à partir de p. Si p est un point central, la procédure ajoute p au cluster. Si p est un point de bordure alors aucun point n'est atteignable à partir de p et DBSCAN visitera le prochain point de la base de données.

Grâce à l'utilisation des valeurs globales Eps et MinPts, DBSCAN peut fusionner 2 clusters dans le cas où 2 clusters de densité différente sont proches l'un de l'autre. Deux ensembles de points ayant au moins la densité la plus petite seront séparés l'un de l'autre si la distance entre les deux est plus large que Eps. En conséquence, un appel récursif de DBSCAN peut se révéler nécessaire pour les clusters détectés avec la plus haute valeur de MinPts. Cela n'est pas forcément un désavantage car l'application récursive de DBSCAN reste un algorithme basique, et n'est nécessaire que sous certaines conditions.

Ainsi, pour chaque objet que l'on ajoute, on a une zone de croissance qui va permettre d'entendre le cluster. Evidemment plus cette zone (une sphère) est grande et plus le cluster aura de chances de s'étendre. La notion de voisinage est la clé de cette méthode. On forme donc le cluster de proche en proche. La difficulté que nous pouvons rencontrer vient de la taille de la zone (rayon de la sphère) d'extension. DBSCAN a une complexité en (n * log n).

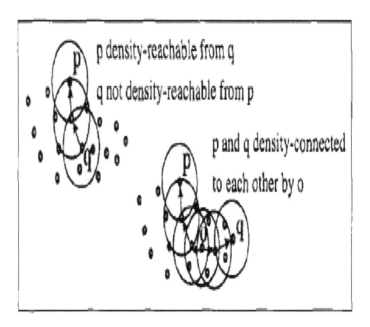

Figure 4.3.2 – Notions de points dense-accessibles et de dense-connexités

4.4 Déterminer les paramètres Eps et MinPts

Dans cette partie, nous allons présenter une heuristique simple et efficace pour déterminer les paramètres **Eps** et **MinPts** [9] [11] du plus petit cluster de la base de données.

Cette heuristique est basée sur les observations suivantes :

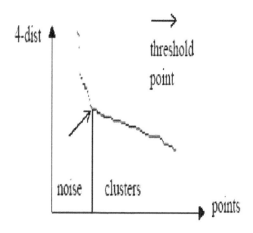

Figure 4.4 – Heuristique de fixation des paramètres

En général, il peut être délicat de détecter la première vallée automatiquement, mais il est relativement simple pour l'utilisateur de voir cette vallée sur une représentation graphique. C'est pourquoi une approche interactive pour déterminer ce seuil est intéressante.

DBSCAN a besoin des paramètres Eps et MinPts. Les expériences ont montré que les graphes de distance k (k > 4) ne diffèrent pas vraiment des graphes de distance 4 mais nécessite des calculs bien plus importants. Ainsi, nous éliminons le paramètre MinPts en le fixant à 4 pour toutes les bases de données (d'espace 2D).

Il s'agit ensuite d'utiliser une approche interactive pour déterminer le paramètre Eps de DBSCAN :

- Le système calcule et affiche le graphe de distance 4 pour la base de données.
- Si l'utilisateur peut estimer le pourcentage de bruit, ce pourcentage est entré et le système en déduit une proposition pour le seuil de point.
- L'utilisateur peut accepter ou non le seuil proposé ou sélectionner un autre seuil qui est alors utilisé dans DBSCAN.

4.5 SUBCLU

La méthode **SUBCLU** [14] commence par trouver les classes dans chaque sous espace unidimensionnel, puis construit à chaque itération les classes d'espace vectoriel de dimension supérieure. Cet algorithme présente les avantages observés des méthodes de classification par densité de voisinage : habilité à trouver les classes de formes arbitraires, n'est pas affecté par les données "bruit".

Pour chaque sous-espace, SUBCLU calcule tous les groupes qui ont été trouvés par les DBSCAN appliqués à ce sous-espace seulement. Par rapport à la grille des approches, SUBCLU réalise une meilleure qualité de clustering, mais nécessite une plus grande autonomie.

Il a été observé que le seuil de densité globale, utilisé par SUBCLU et les approches fondées sur la grille, conduit à un biais en faveur d'une certaine dimension: Un resserrement de seuil qui est capable de clusters distincts du bruit bien en petites dimensions tend à perdre de clusters dans des dimensions supérieures, tandis qu'un seuil plus détendu qui est capable de détecter des clusters de grande dimension va produire une quantité excessive de faible dimension des clusters. Par conséquent, la dimension DUSC impartiale modèle de cluster a été proposée, basé sur une mesure de la densité d'adaptation à la dimensionnalité. Comme un inconvénient majeur, cette approche fait défaut dans les propriétés anti-monotones et, par conséquent, la taille de l'espace de recherche n'est pas possible. Une «faible densité» est ainsi définie comme un remède, offrant des propriétés anti-monotones. Ce remède, cependant, à son tour, introduit un seuil de densité globale nouveau. Une méthode d'analyse de cluster sous-espace visuel basé sur DUSC a été proposée par la sanction.

5. Autres algorithmes

5.1 Algorithme de HARP

Cette méthode [2] permet de mesurer la qualité d'un bi-cluster en se basant sur la somme des indices de pertinence des colonnes.

L'indice de pertinence RIj pour la colonne j $\in$ J est défini comme :

$$R_{Ij} = 1 - \frac{\sigma_{Ij}^2}{\sigma_{\cdot j}^2}$$

σ_{Ij}^2 : Variance locale

$\sigma_{\cdot j}^2$: Variance globale

Remarque :

L'indice de pertinence pour une colonne est maximisé si sa variance locale est 0, à condition que la variance globale soit $>= 0$.

5.2 Algorithme de CPB (Correlated Pattern Biclusters Algorithm)

L'objectif de l'algorithme **CPB** [2] est d'identifier les biclusters ayant un Coefficient de corrélation de Pearson (PCC) entre chaque paire de lignes i ∈ I supérieur à un seuil par rapport à une colonne j ∈ J.

PCC entre deux lignes i,l ∈ I par rapport e aux colonnes j ∈ J est défini par la formule suivante:

$$PCC = \frac{\sum_{j \in J}(a_{ij} - a_{iJ})(a_{\ell j} - a_{\ell J})}{\sqrt{\sum_{j \in J}(a_{ij} - a_{iJ})^2 \sum_{j \in J}(a_{\ell j} - a_{\ell J})^2}}$$

Aij ,alj : la moyenne des entrées en lignes correspondant a la ligne i et la colonne l du bi-cluster .

5.3 Algorithme de OPSM (Order Preserving Submatrix)

L'algorithme **OPSM** [2] correspond à un modèle probabiliste qui vise à trouver le plus grand bicluster. La caractéristique commune entre les gênes dans un bicluster et la méthode OPSM c'est qu'ils varient de la même manière, répondant au même ordre linéaire dans les conditions expérimentales choisies.

La méthode OPSM est définie comme étant une sous-matrice (bicluster) où il existe une permutation de colonnes J de telle sorte que la séquence de valeurs dans chaque ligne i ∈ I est strictement croissante.

5.4 L'algorithme MAFIA

L'algorithme **MAFIA** [8] s'étend de CLIQUE en utilisant une grille adaptative sur la base de la distribution des données pour améliorer l'efficacité et la qualité du cluster. MAFIA introduit également le parallélisme pour améliorer l'évolutivité. MAFIA crée d'abord un histogramme pour déterminer le nombre minimal de casiers d'une dimension.

L'algorithme combine ensuite les cellules adjacentes de même densité pour former des cellules plus grandes. De cette manière, la dimension est divisée sur la base de la distribution des données et les limites résultant de capturer les cellules du périmètre cluster plus de précision que les mailles de taille fixe. Une fois que les poubelles ont été définis, le produit MAFIA un peu comme CLIQUE, en utilisant un algorithme de style APRIORI de générer la liste des sous-espaces clusterables par la constitution d'une dimension. MAFIA tente également de permettre la parallélisation du processus de la mise des clusters.

5.5 L'algorithme FINDIT

FINDIT [8] (Fast and **IN**telligent subspace clustering algorithm using **DI**mension VoTing) est un algorithme de clustering des sous-espaces rapide et intelligent à l'aide de vote dimension (FINDit), il utilise une mesure de distance unique appelé Distance de dimension orientée (DOD : Dimension Oriented Distance). DOD compte le nombre de dimensions sur lesquelles deux instances sont à une distance seuil, ϵ, de l'autre. Le concept est basé sur l'hypothèse que dans les dimensions supérieures, il est plus significatif pour les deux instances pour être proche de plusieurs dimensions plutôt que dans un petit nombre.
L'algorithme se compose généralement de trois phases, à savoir **l'échantillonnage de phase, la phase de formation de cluster, et la phase d'affectation de données.**

Les algorithmes commencent par sélectionner deux petits sets générés par échantillonnage aléatoire des données. Les ensembles sont utilisés pour déterminer les médoides représentatives initiales des clusters. Dans la phase de groupe formant les dimensions corrélées sont trouvés en opération jusqu'à ce que la qualité du cluster se stabilise. Dans la phase finale de toutes les instances sont affectés à des médoides basés sur les sous-espaces trouvés. FINDIT emploie des techniques d'échantillonnage comme les autres algorithmes de haut en bas en utilisant la mesure du DOD pour chaque médoide. FINDIT incrémente après la valeur de ϵ et répète cette opération jusqu'à ce que la qualité du cluster se stabilise.

III. Comparaison d'algorithmes de Biclustering

1. Etude comparative (SUBCLU, FIRES, INSCY)

SUBCLU [1] [14] est une méthode efficace de classification des sous-espaces. En utilisant le concept de la densité par rapport DBSCAN, avec grille approche, cette méthode peut détecter la forme et la position des clusters dans le sous-espace.

FIRES est une méthode qui vise le raffinement et l'efficacité des classes, se basant que le fait de déterminer la forme quadratique échelle de fréquence de dimensions données et des clusters de sous-espaces dimensionnels. Cette méthode peut s'appliquer aux clusters reconnus sur la base du seuil de densité locale.

INSCY (utilisée (clusters Subspace indexation avec en cours d'élimination de la redondance)) est une méthode qui se base sur l'approche de la largeur utilisée en premier, en effectuant des traitements récursives dans toutes les parties des projections de sous-espace, avant de passer à la section suivante.

Cette stratégie a deux avantages, grande projection bidimensionnelle maximale sera fait en premier, puis effectuer l'élagage (diminution) de toutes les dimensions de boucle et l'efficacité de gain, d'autre part, l'indexation potentiel de sous-espaces qui peuvent survenir.

1.1 Comparaison basée sur la performance

Based on experiment with SUBCLU, FIRES and IN-SCY methods with some parameters, we obtained the results as in Table-1.

Table-1 Experiment Result Performance

Method	No of cluster	Clustering time (ms)	Accuracy	Coverage	IO Entropy	F1 Measure	Calculation Time (ms)
SUBCLU	31	58449	0,1	1	0,01	0,01	133
FIRES	2	569	0,1	0,01	0,64	0,01	14
INSCY	1	1899	0,39	0,34	1	0,42	1281

Remarque :

Ce tableau résume l'ensemble des études effectuées en se basant sur 7 critères de comparaison.

1.2 Comparaison basée sur l'occurrence et le nombre de clusters

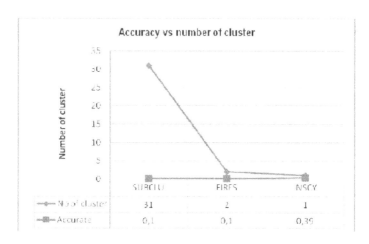

Remarque :

Les résultats expérimentaux montrent que la méthode INSCY est plus précise que SUBCLU et FIRES.

1.3 Comparaison basée sur la couverture et le nombre de clusters

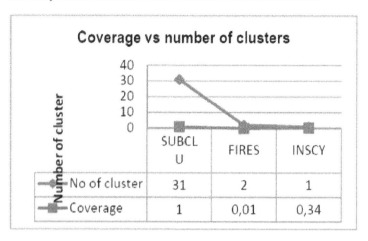

Coverage vs number of clusters

	SUBCLU	FIRES	INSCY
No of cluster	31	2	1
Coverage	1	0,01	0,34

La couverture utilisée pour évaluer la portée de la taille des clusters. Pour la couverture SUBCLU est classé en 1er suivis par INSYC et FIRES.

1.4 Comparaison basée sur le temps de classification et le nombre de clusters

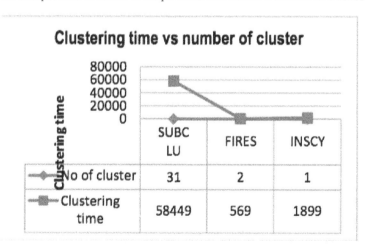

Clustering time vs number of cluster

	SUBCLU	FIRES	INSCY
No of cluster	31	2	1
Clustering time	58449	569	1899

D'après les résultats expérimentaux, nous pouvons voir que le temps de clustering pour la méthode sous-classe (SUBCLU) est de plus de 20 fois plus grand que la méthode FIRE et INSCY.

1.5 Comparaison basée sur le pourcentage d'informations (bits)

Calcul de l'Entropie

Entropie = Quantité d'information nécessaire pour classifier l'exemple
- Soit S un ensemble de s tuples
- Soit C comprenant m valeurs différentes, définissant Ci classes (i = 1,...,m)
- Soit s_i le nombre de tuples de S appartenant à Ci :
- $I(s_1,...s_m)$ = quantité d'information nécessaire pour classifier l'ensemble des tuples
- $I(s_1,...s_m) = - \sum_{(i=1..m)} p_i \log_2(pi)$
  - p_i: probabilité qu'un tuple appartienne à Ci
  - $p_i = s_i/s$

Entropie de l'attribut A = E(A) :
- Soit A un attribut candidat possédant v valeurs $\{a_1,...,a_v\}$.
- A permet de partionner l'ensemble S en v sous-ensembles $\{S_1,...,S_v\}$
- Si comprend les tuples ayant la valeur a_j pour A
- Soit s_{ij} le nombre de tuples du sous-ensemble S_j appartenant à C_i

$$E(A) = - \sum_{(j=1..v)} (S_{1j} + ... + S_{mj}) \cdot I(S_{1j},...,S_{mj})$$

Pour chaque valeur de A   *Probabilité qu'un tuple ait cette*   *Qté d'info nécessaire pour classifier*
                            valeur dans ce sous-ensemble   *les tuples ayant cette valeur*

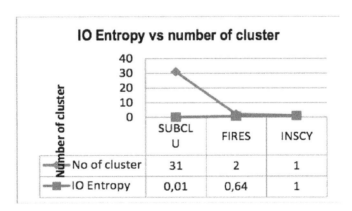

IO Entropy vs number of cluster

	SUBCL U	FIRES	INSCY
No of cluster	31	2	1
IO Entropy	0,01	0,64	1

Remarque :

D'après les résultats expérimentaux, nous pouvons déduire que la méthode INSYC est meilleur en terme de mesure la quantité d'information utile.

Pour le traitement d'un Cluster INSYC effectue un traitement de 100% d'information ce qui est représenté par l'indicateur IO Entropy (pourcentage d'information traité par bits).

IO Entropy utilisée pour évaluer la pureté d'un cluster.

1.6 Comparaison basée sur la mesure F1

F1 est une mesure qui est utilisée pour évaluer le degré de similarité de 2 classifications afin de déterminer la précision des algorithmes.

F = (2 * Précision * rappel) / (précision + rappel) :

Précision (P) = cellules correctement mis dans un cluster / cellules totales mises en cluster

Rappel (R) = cellules correctement mis dans un cluster / Toutes les cellules qui auraient dû être dans le cluster

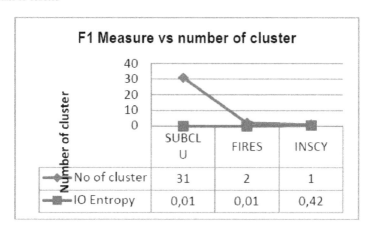

Remarque :

Les mesures sont généralement utilisées pour évaluer les classes, dans notre cas notre objectif est d'évaluer ou projeter le clustering de sous-espace, en mesurant la valeur moyenne de l'harmonie du cluster, si tous les regroupements ont été détectés avec précision. La méthode INSCY est meilleure que FIRE et SUBCLU.

1.7 Conclusion de l'étude comparative (SUBCLU, FIRES, INSCY)

Les résultats des évaluations ont montré que SUBCLU [8] [14] nécessite beaucoup de temps pour traiter le regroupement sous-espace, mais sa couverture est meilleure.

INSCY est la meilleure méthode pour la précision en comparaison avec les deux autres méthodes, bien que le calcul du temps soit plus long.

2.1 Mesure de l'évolutivité

On a mesuré l'évolutivité des deux algorithmes [8] en termes de nombre d'instances et le nombre de dimensions dans l'ensemble de données. Dans la première série de tests, on a fixé le nombre de dimensions à vingt ans. Le nombre d'instances a été porté d'abord de 100.000 à 500.000 et après de 1 millions à 5 millions. Les deux algorithmes sont mis à l'échelle linéaire avec le nombre d'instances, comme le montre la figure 3.2.1.

L'algorithme MAFIA est clairement plus performant que l'algorithme FINDIT dans la plupart des cas. La performance supérieure de MAFIA peut être attribuée à l'approche ascendante qui ne nécessite pas autant de passes à travers l'ensemble de données.

En outre, lorsque les clusters sont intégrés dans quelques dimensions, les algorithmes ascendants ont l'avantage qu'ils ne considèrent que l'ensemble restreint de dimensions pertinentes pendant la majeure partie de leur recherche.

Si les clusters existent dans un grand nombre de dimensions, puis la performance se dégrade aussi bien que le nombre des sous-espaces candidats augmente exponentiellement avec le nombre de dimensions dans le sous-espace.

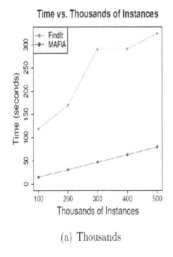

(a) Thousands

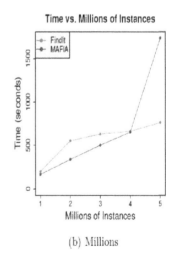

(b) Millions

Figure 3.2.1: Running time vs. instances

Dans la figure 3.2.1, nous pouvons voir que FINDIT surpasse réellement MAFIA lorsque le nombre de cas aborde quatre millions. Ceci pourrait être attribué à l'utilisation de l'échantillonnage aléatoire, ce qui donne finalement à FINDIT un avantage de performance dans les ensembles de données énormes. MAFIA, d'autre part, doit analyser l'ensemble des données à chaque fois qu'il fait une passe de trouver des unités denses sur un certain nombre de dimensions.

Dans la deuxième série de tests, on a fixé le nombre d'instances à 100.000 et augmenté le nombre de dimensions de l'ensemble de données.

La figure 3.2.2 est une représentation graphique du temps d'exécution avec le nombre de dimensions de l'ensemble de données qui a passé de 10 à 100 dimensions. Les ensembles de données contenues, en moyenne, cinq clusters chacun en cinq dimensions. Ici, l'approche d'ascendance est nettement supérieure comme on peut le voir sur la figure 3.2.2. Le temps d'exécution pour MAFIA a augmenté de façon linéaire avec le nombre de dimensions dans l'ensemble de données. Le temps d'exécution de la méthode ascendante, FINDIT, augmente rapidement quand le nombre de dimensions augmente. L'échantillonnage n'aide pas FINDIT dans ce cas. Comme le nombre de dimensions augmentent, FINDIT doit pondérer chaque dimension pour chaque cluster afin de sélectionner les plus pertinentes. Les algorithmes d'ascendance comme MAFIA, cependant, ne sont pas affectés par les dimensions supplémentaires, non pertinentes. C'est parce que ces algorithmes projettent les données dans des petits sous-espaces, d'abord en ajoutant seulement les dimensions intéressantes à la recherche.

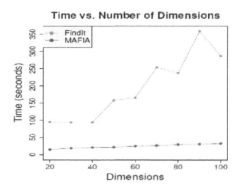

Figure 3.2.2: Running time vs. number of dimensions

2.2 Détection des sous-espaces et la précision du cluster

En plus de comparer l'évolutivité, on a également comparé la précision avec laquelle chaque algorithme a été en mesure de déterminer les clusters et les sous-espaces correspondants dans l'ensemble de données.

Les résultats [8] sont présentés sous la forme d'une matrice de confusion qui répertorie les dimensions correspondantes des groupements d'entrée et de sortie que celles de l'algorithme. Le tableau 1 et le tableau 2 montrent le meilleur cas d'entrée et de sortie des clusters pour MAFIA et FINDIT sur un ensemble de données de 100.000 instances dans 20 dimensions. L'algorithme ascendant, MAFIA, a découvert tous les clusters, mais a laissé de côté une dimension significative dans quatre des cinq clusters. Le manque d'une dimension dans un cluster peut être causé par l'élagage précoce d'une dimension basée sur un seuil de couverture, ce qui peut être difficile à déterminer. Cela pourrait également se produire parce que le seuil de densité peut ne pas convenir dans toutes les dimensions de l'ensemble de données. Les résultats étaient très semblables dans les tests où le nombre de cas a été augmenté jusqu'à 4 millions. La seule différence est que certains clusters ont été signalés comme deux groupes distincts, au lieu de fusionner correctement. Cette fracturation des clusters dans un artefact de l'approche basée sur les grilles utilisées par de nombreux algorithmes d'ascendance qui les oblige à fusionner des unités denses pour former des clusters de sortie. L'approche de descendance utilisée par FINDIT était meilleure et en mesure d'identifier les dimensions importantes pour les clusters découverts. Comme le nombre d'instances a augmenté, FINDIT oublie parfois un cluster entier. Comme l'ensemble de données a progressé, les clusters étaient plus difficiles à trouver parmi le bruit et l'échantillonnage utilisé par de nombreux algorithmes de descendance ce qui leur cause la perte des clusters.

Cluster	1	2	3	4	5
Input	(4, 6, 12, 14, 17)	(1, 8, 9, 15, 18)	(1, 7, 9, 18, 20)	(1, 12, 15, 18, 19)	(5, 14, 16, 18, 19)
Output	(4, 6, 14, 17)	(1, 8, 9, 15, 18)	(7, 9, 18, 20)	(12, 15, 18, 19)	(5, 14, 18, 19)

Tableau 1: MAFIA lui manque une dimension dans 4 sur 5 groupes avec N = 100, 000 et D = 20.

Cluster	1	2	3	4	5
Input	(11, 16)	(9, 14, 16)	(8, 9, 16, 17)	(0, 7, 8, 10, 14, 16)	(8, 16)
Output	(11, 16)	(9, 14, 16)	(8, 9, 16, 17)	(0, 7, 8, 10, 14, 16)	(8, 16)

Tableau 2: FINDit découvre tous les clusters dans les dimensions appropriées
avec N = 100, 000 et D= 20.

Les tableaux 3 et 4 montrent les résultats de MAFIA et FINDIT lorsque le nombre de dimensions dans l'ensemble de données a augmenté à 100. MAFIA était capable de détecter tous les clusters. Encore une fois, il manquait une dimension pour quatre des cinq clusters. Egalement la dimensionnalité qui est plus élevée a causé le même problème que nous avons remarqué avec un plus grand nombre d'instances, MAFIA divise par erreur un cluster en plusieurs clusters distincts. FINDIT n'est pas aussi bien et nous pouvons voir que FINDIT a perdu un cluster entier et a été incapable de trouver toutes les dimensions pertinentes pour les clusters dont il a trouvés. L'approche descendante signifie que FINDIT doit évaluer toutes les dimensions, et un plus grand pourcentage d'entre eux n'est pas pertinent, les plus pertinentes sont plus difficiles à découvrir. L'échantillonnage ne peut ajouter à ce problème que certains clusters qui peuvent être faiblement représentés.

Cluster	1	2	3	4	5
Input	(4, 6, 12, 14, 17)	(1, 8, 9, 15, 18)	(1, 7, 9, 18, 20)	(1, 12, 15, 18, 19)	(5, 14, 16, 18, 19)
Output	(4, 6, 14, 17)	(8, 9, 15, 18) (1, 8, 9, 18) (1, 8, 9, 15)	(7, 9, 18, 20)	(12, 15, 18, 19)	(5, 14, 18, 19)

Tableau 3: MAFIA lui manque une dimension dans quatre des cinq groupes. Toutes les dimensions sont à découvert pour le cluster n°2, mais il est divisé en trois groupes plus petits. N = 100, 000 et D = 100.

Cluster	1	2	3	4	5
Input	(1, 5, 16, 20, 27, 58)	(1, 8, 46, 58)	(8, 17, 18, 37, 46, 58, 75)	(14, 17, 77)	(17, 26, 41, 77)
Output	(5, 16, 20, 27, 58, 81)	None Found	(8, 17, 18, 37, 46, 58, 75)	(17, 77)	(41)

Tableau 4: FINDit lui manque de nombreuses dimensions et cluster entier et à grandes dimensions avec avec N = 100, 000 et D = 100.

IV. Synthèse

On distingue deux grandes familles de mesures:

1) **La performance :**

Afin d'évaluer la performance d'un ensemble de méthodes appliquées en classifications, Il faut mesurer 3 critères :

❖ L'occupation Hardware (CPU, RAM).

❖ Le temps de classifications (temps de chargement + temps de traitement).

❖ Le taux de satisfaction (une méthode ayant un taux>=80% est considérée performante).

2) **La précision :**

Afin d'évaluer l'efficacité d'un ensemble de méthodes appliquées en classifications, Il faut calculer 3 critères :

❖ L'occurrence des clusters (pourcentage indiquant la capacité de trouver un même cluster en plusieurs itérations).

❖ L'entropie (pourcentage d'informations utile pour la classification).

❖ La mesure F1 (degré de similarité entre les classes).

2. Discussion sur les critères d'évaluation

1.1 Evaluation basée sur l'occupation hardware (Process Explorer)

Process Explorer est un programme freeware informatique de Microsoft créé par Sysinternals, qui a été acquis par Microsoft Corporation.

Process Explorer est un système de surveillance et l'utilité d'examen. Il fournit la fonctionnalité du Gestionnaire des tâches de Windows avec un ensemble riche de fonctionnalités pour la collecte d'informations sur les processus en cours d'exécution sur le système de l'utilisateur. Il peut être utilisé en tant que première étape de débogage de logiciel ou un système problèmes.

Process Explorer peut être utilisé pour traquer les problèmes. Par exemple, il fournit un moyen de lister ou de rechercher des ressources nommées qui sont détectés.

Les fonctionnalités de Process Explorer:

- savoir quel programme a lancé quel autre.
- connaître la ligne de commande complète de lancement d'un programme.
- savoir quel programme a lancé quel autre.
- savoir à quel utilisateur appartient un processus.
- savoir quelles DLL un programme utilise (et où elles sont situées).
- savoir par quels programmes est utilisée une DLL.
- voir les chaînes contenues dans un exécutable.
- savoir quelles ressources un programme utilise (threads, mémoire, CPU...).
- trouver le processus correspondant à une fenêtre.
- changer de force la priorité d'un processus.
- tuer un processus ou une hiérarchie de processus.

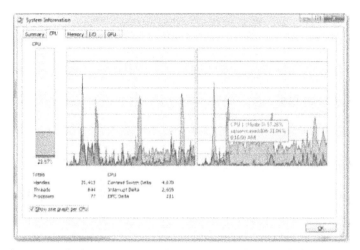

Figure 4.1.1: Fenêtre consommation des ressources par Proccess Explorer

Remarque :

Les interfaces proposées par Process Explorer nous indiquent le taux d'occupation de différentes ressources utilisées par un programme spécifique.

1.2 Evaluation basée sur la performance

a) Mesure du temps de démarrage (AppTimer)

AppTimer est un utilitaire gratuit qui référence de manière fiable le temps nécessaire qu'il faut pour le lancement d'une application, il identifie les problèmes inhérents et certaines erreurs lors de l'exécution d'un programme.

Très simple à utiliser, indiquez l'application à lancer et le logiciel réalise tous les tests automatiquement.

AppTimer permet de comparer les performances du produit même sur du matériel différent.

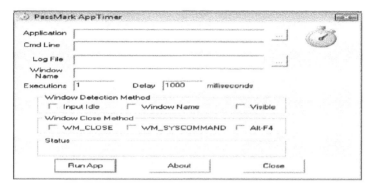

Figure 4.1.2.a: Interface AppTimer

Remarque :

L'interface AppTimer nous permet de spécifier le nombre d'exécution à effectuer notamment la durée afin d'obtenir les différents temps d'exécutions qui seront générés dans un fichier texte comme sortie.

b) Mesure du taux de satisfaction des utilisateurs (Apdex)

APDEX **Apdex** [3] est l'acronyme de : Application Performance Index.

C'est un standard ouvert développé par un groupe de sociétés qui ont défini une méthode simple pour calculer, comparer et suivre les performances applicatives.

❖ Objectif d'Apdex :

- Mesurer la contribution des performances des applications à l'efficacité du business de l'entreprise.

- Calculer la corrélation entre la frustration des utilisateurs et les baisses de performance du système donne un excellent point de vue.

❖ Principes d'Apdex :

- Satisfaisant: l'utilisateur est totalement productif. Cela représente une valeur de temps (T secondes) en dessous de laquelle l'utilisateur n'est pas ralenti par le temps de réponse de la chaine applicative.

- Tolérable: l'utilisateur note un allongement des temps de réponse (supérieur à T) mais peut poursuivre son travail.

- Inacceptable: les temps de réponse excédent F (F = 4 x T) sont inacceptables. L'utilisateur abandonne le processus ou perd beaucoup de temps.

❖ Formule de calcul de l'indice Apdex :

La formule de calcul de l'indice Apdex est le nombre de réponses 'satisfaisantes' plus la moitié des réponses 'tolérables' et aucune des réponses 'Inacceptables' divisés par le nombre total des réponses.

$$Apdex_T = \frac{Satisfied\ count\ + \dfrac{Tolerating\ count}{2}}{Total\ samples}$$

❖ Exemple illustratif :

Aussi est-il simple de comprendre que ce ratio est directement lié à la perception qu'ont les utilisateurs de la réactivité d'un système. Ce ratio est présenté comme un nombre décimal avec un indice T. Par exemple, prenons 100 mesures avec un objectif de 3 secondes. Si 60 mesures sont inférieures à 3 secondes, 30 sont situées entre 3 et 12 secondes et les 10 restantes supérieurs à 12 secondes, l'Apdex est :

$$\frac{60\ + \dfrac{30}{2}}{100} = 0.75_3$$

3.1 Evaluation basée sur l'occupation hardware et le temps de chargement

Pour mesurer l'occupation CPU et de la RAM, nous avons utilisé l'outil Process Explorer, tandis que pour mesurer le temps de chargement des différents algorithmes nous avons opté pour AppTimer comme outil.

Nous avons obtenu les résultats suivants :

Algorithmes	Occupation CPU	Occupation RAM	Temps de chargement
SUBCLU	8.30%	63Mb	46.34(s)
CLIQUE	9.20%	69Mb	56.83(s)
K-MEANS	5.99%	57Mb	55.76(s)

Figure 4.2.1: Tableau de résultats d'évaluation

3.2 Mesure du taux de satisfaction

Pour mesurer le taux de satisfaction, nous avons calculé l'indice Apdex pour chaque algorithme grâce à la formule de calcul suivante :

$$Apdex_T = \frac{Satisfied\ count + \frac{Tolerating\ count}{2}}{Total\ samples}$$

Avec Objectif =Moyenne (des 10 valeurs)

- Liste des observations de SUBCLU :

55.5475- 55.2164- 55.8503 -55.2355- 56.9495- 56.0424 -56.1305- 55.3624- 55.3063- 57.3372

- Objectif = 55.8978

- Apdex $= \frac{6+\frac{4}{2}}{10} = 0.8$

- Liste des observations de CLIQUE :

55.9666 -56.3545 -55.7504 -55.7696 -55.5917-56.0855 -55.7765 -56.3644 -55.7824- 55.8683

- Objectif = 55.9309

- Apdex $= \frac{5+\frac{5}{2}}{10} = 0.75$

- Liste des observations de K-MEANS :

55.7496 -55.1436- 55.4216 -55.2696- 55.4966- 56.7267 -56.6796- 57.6566- 59.8746- 59.2346

- Objectif = 56.7255

- Apdex $= \frac{6+\frac{4}{2}}{10} = 0.8$

A la fin nous avons obtenu comme résultats :

Algorithmes	Taux de satisfaction
SUBCLU	80%
CLIQUE	75%
K-MEANS	80%

Figure 4.2.2: Tableau de taux de satisfaction pour 10 observations (10 exécutions simultanées)

Conclusion

L e but de notre travail était de mener une étude bibliographique autour du Biclustering (classification double).

Pour cela, nous étions amenés à établir des recherches sur internet afin de sélectionner un ensemble d'articles comportant sur des études comparatives en se basant sur le calcul d'entropie, mesure de performance et le temps de classification...

Les résultats des évaluations ont montré que la méthode SUBCLU nécessitait un temps considérable pour traiter le Clustering de sous-espaces mais sa couverture est meilleure.
La méthode INSCY est meilleure dispose d'une forte occurrence (taux de précision) en comparaison avec les deux autres méthodes.
La méthode FIRES permet de traiter un nombre moyen de cluster en un temps inférieur par rapport aux deux méthodes.

En 2ème phase, nous avons abordé l'application du Biclustering dans la génétique, il existe 3 méthodes populaires permettant d'identifier les gênes ayant une corrélation des valeurs d'expression dans divers échantillons en sachant qu'une expression génétique dans chaque échantillon est représentée par une matrice de données avec des lignes et des colonnes représentant les gênes et les échantillons.

Enfin, nous avons traité les critères d'évaluation (l'évaluation basée sur l'occupation hardware et l'évaluation basée sur la performance) et nous avons mis en place un protocole d'évaluation pour les algorithmes de Biclustering SUBCLU, CLIQUE et K-MEANS.

Le présent projet de synthèse, était une réelle occasion pour mettre en pratique un ensemble de connaissances acquises durant nos études en Master 2 Informatique Décisionnelle à l'Université de Lorraine (Metz).

Ce travail nous a donné un avant-goût du métier de chercheur et cela constitue une grande satisfaction personnelle et professionnelle qui signe le début d'aboutissement de notre formation.

Webographie & Références

❖ [1] http://bmi.osu.edu/hpc/papers/Bozdag10-BCB.pdf

❖ [2] http://arxiv.org/ftp/arxiv/papers/1012/1012.6009.pdf

❖ [3] http://www.apdex.fr/

❖ [4] http://www.dharwadker.org/clique/

❖ [5] http://www.agroparistech.fr/IMG/pdf/support_clustering.pdf

❖ [6] http://citeseerx.ist.psu.edu

❖ [7] Article «FINDIT: a fast and intelligent subspace clustering algorithm using dimension voting», Auteurs: «Kyoung-Gu Woo, Jeong-Hoon Lee, Myoung-Ho Kim, Yoon-Joon Lee».

❖ [8] Article «Evaluating Subspace Clustering Algorithms», Auteurs: «Lance Parsons, Ehtesham Haque, Huan Liu», Department of Computer Science Engineering Arizona State University, Tempe, AZ 85281

❖ [9] Article « DATAMINING C4.5 – DBSCAN Mai 2004», Auteurs: « Benjamin DEVEZE Matthieu FOUQUIN», EPITA 14-16 rue Voltaire 94270 Kremlin Bicêtre

❖ [10] Article «Automatic Subspace Clustering of High Dimensional Data for Data Mining Applications», Auteurs: «Rakesh Agrawal Johannes Gehrke_ Dimitrios Gunopulos Prabhakar Raghavan», IBM Almaden Research Center 650 Harry Road, San Jose, CA 95120

❖ [11] Article «A Density-Based Algorithm for Discovering Clusters in Large Spatial Databases with Noise», Auteurs: «Martin Ester, Hans-Peter Kriegel, Jörg Sander, Xiaowei Xu», Institute for Computer Science, University of Munich Oettingenstr. 67, D-80538 München, Germany

❖ [12] Article «Survey of Clustering Algorithms», Auteurs: «Rui Xu, Student Member, IEEE and Donald Wunsch II, Fellow, IEEE», IEEE TRANSACTIONS ON NEURAL NETWORKS, VOL. 16, NO. 3, MAY 2005

❖ [13] Article ref. Chapter 9 «Data Mining Cluster Analysis: Advanced Concepts and Algorithms», Auteurs: «Tan, Steinbach, Kumar»

❖ [14] Elhamifar, Ehsan, Rene Vidal, «Sparse Subspace Clustering», IEEE Conference on Computer Vision and Pattern Recognition, p.2790-2797, 2009, [DOI> 10.1234/12345678]

www.ingramcontent.com/pod-product-compliance
Lightning Source LLC
LaVergne TN
LVHW042351060326
832902LV00006B/542